BEI GRIN MACHT SICH IH
WISSEN BEZAHLT

- Wir veröffentlichen Ihre Hausarbeit,
  Bachelor- und Masterarbeit

- Ihr eigenes eBook und Buch -
  weltweit in allen wichtigen Shops

- Verdienen Sie an jedem Verkauf

Jetzt bei www.GRIN.com hochladen
und kostenlos publizieren

Dennis Kater

General Game Playing

Universelle Spieleprogramme

GRIN Verlag

Bibliografische Information der Deutschen Nationalbibliothek:

Die Deutsche Bibliothek verzeichnet diese Publikation in der Deutschen National-
bibliografie; detaillierte bibliografische Daten sind im Internet über http://dnb.d-
nb.de/ abrufbar.

Impressum:

Copyright © 2009 GRIN Verlag GmbH
Druck und Bindung: Books on Demand GmbH, Norderstedt Germany
ISBN: 978-3-640-38425-9

Dieses Buch bei GRIN:

http://www.grin.com/de/e-book/132150/general-game-playing

GRIN - Your knowledge has value

Der GRIN Verlag publiziert seit 1998 wissenschaftliche Arbeiten von Studenten, Hochschullehrern und anderen Akademikern als eBook und gedrucktes Buch. Die Verlagswebsite www.grin.com ist die ideale Plattform zur Veröffentlichung von Hausarbeiten, Abschlussarbeiten, wissenschaftlichen Aufsätzen, Dissertationen und Fachbüchern.

Besuchen Sie uns im Internet:

http://www.grin.com/

http://www.facebook.com/grincom

http://www.twitter.com/grin_com

Universität Duisburg-Essen

Wirtschaftsinformatik der Produktionsunternehmen

Seminararbeit
Wirtschaftsinformatik

General Game Playing

Vorgelegt dem Fachbereich Wirtschaftswissenschaften
der Universität Duisburg-Essen von

Dennis Kater

abgegeben am 2009-01-06

Studiensemester: 8 (Wintersemester 2008/09) **Voraussichtlicher Studienabschluss:** Wintersemester 2009/10

Inhaltsverzeichnis

Bilderverzeichnis

Tabellenverzeichnis

Abkürzungs-und Akronymverzeichnis

bzw. beziehungsweise **ca.** circa (in etwa)

d. h. das heißt **et al.** et alii (und andere) **GDL** Game Description Language **GGP** General Game Playing **KI** Künstliche Intelligenz **sog.** sogenannte

u.a. und andere

z.B. zum Beispiel

1. Spiele als Forschungsobjekte der Künstlichen Intelligenz

Seit Anbeginn der Zivilisation haben Brettspiele die intellektuellen Fähigkeiten der Menschen herausgefordert. Die Art von natürlicher Intelligenz, die in diesen Spielen gefordert wird, ist im Gegensatz zu physischen Spielen, wie Ballsportarten, einfach formal zu beschreiben. Sie stellt so ein attraktives Studienobjekt für das Forschungsgebiet der Künstlichen Intelligenz dar [Russel und Norvig 2004]. Im Folgenden wird die Entwicklung von den ersten „künstlichen Spielern" (sog. Spielagenten) bis hin zum jungen Forschungszweig des General Game Playing (universelle Spielprogramme) aufgezeigt.

1.1 Künstliche Spieler in der Vergangenheit

Seit in den 1950er Jahren die ersten programmierbaren Computer erfunden wurden, gehört das Spielen zu den wichtigsten Aufgaben der Künstlichen Intelligenz. Grund dafür ist die abstrakte Natur von Spielen im Gegensatz zur Realität. Die Zustände eines Spiels, sowie die durch Spielregeln eingegrenzten Einflüsse auf dessen Veränderung, sind einfach und vollständig formal zu beschreiben und in einem Modell abzubilden [Russel und Norvig 2004].

Für das beliebte Brettspiel *Dame* wurde bereits 1952 vom IBM Mitarbeiter Arthur Samuel ein Programm entwickelt, das gegen menschliche Amateur-Spieler gewinnen konnte. Es dauerte knapp 40 Jahre bis das von Jonathan Schaeffer entwickelte *Dame*-Programm *Chinook* auch gegen professionelle *Dame*-Spieler gewinnen konnte. 1990 konnte *Chinook* gegen den als besten *Dame*-Spieler aller Zeiten geltenden Dr. Marion Tinsley zwei Spiele gewinnen, verlor jedoch in der Gesamtwertung 18,5 -20,5. *Chinook* erlangte dann 1994 den Weltmeisterschaftstitel, weil Tinsley aus gesundheitlichen Gründen aufgeben musste. Die Weiterentwicklung führte dazu, dass Jonathan Schaeffer 2007 die vollständige Lösung des *Dame*-Spiels bekannt gab [Schaeffer 2007].
Ein Spiel gilt dann als „gelöst", wenn ein Beweis für eine Spielstrategie gefunden wird, die mit Sicherheit zum Sieg bzw. Remis führt. Damit ist *Dame* das bisher komplexeste aller gelösten Spiele. Einige einfachere Spiele wie *Mühle* oder *Vier Gewinnt* wurden

vorher bereits gelöst [Russel und Norvig 2004].

Im *Schach* konnte zwar 1997 schon der menschliche Weltmeister Gary Kasparow durch das von IBM entwickelte System *Deep Blue* geschlagen werden, jedoch ist die Wissenschaft noch weit davon entfernt, das *Schach*-Spiel zu lösen. Das hat einfache Gründe: für die Lösung des *Dame*-Spiels mussten 50 Computer 18 Jahre lang ununterbrochen rechnen, um die ca. $5*10^{20}$ Kombinationen in *Dame* durchzugehen [Schaeffer 2007]. *Schach* übertrifft die Komplexität von *Dame* bei weitem, mit geschätzten 10^{115} bis 10^{120} möglichen Spielverläufen [Bonsdorff et al. 1978].

Das asiatische Spiel *Go* birgt, auch aufgrund des größeren Spielfelds von 19x19, eine noch wesentlich höhere mathematische Komplexität. Die besten *Go* spielenden Programme sind gerade einmal auf dem Niveau eines menschlichen Anfängers [Russel und Norvig 2004].

Bei den bisher erwähnten Spielen handelt es sich ausnahmslos um Spiele mit vollständiger Information sowie fehlende Einwirkung von Zufall. Sowohl die Eigenschaft unvollständiger Information (z.B. unbekannte Kartenverteilung bei Kartenspielen) als auch die Unsicherheit bezüglich zufälliger Ereignisse (z.B. Würfel bei *Backgammon*) erschwert aufgrund der höheren Komplexität die Entwicklung eines Spielagenten.

1.2 General Game Playing

Es existieren viele ausgezeichnete Spielprogramme, die auf ihrer jeweiligen Domäne alle bzw. fast alle menschlichen Spieler besiegen können. Diese Spielagenten befinden sich auf einem hohen Intelligenzniveau in Bezug auf das Spiel, für das sie programmiert wurden. Wenn man bedenkt, dass diese Systeme ausschließlich nur auf dem jeweiligen Spezialgebiet einzusetzen sind, kann man dann nicht von einer eher beschränkten Intelligenz sprechen? Man stelle sich vor, ein *Schach*-Großmeister ist chancenlos gegen durchschnittlich intelligente Kindergartenkinder, wenn er gegen sie einfache Spiele wie *Vier Gewinnt*, *Mühle* und *Tic-Tac-Toe* spielt. Man würde seine intellektuellen Fähigkeiten wahrscheinlich in Frage stellen. Analog dazu kann man auch die Intelligenz

5

der klassischen Spielagenten anzweifeln, die nur jeweils ein Spiel beherrschen. Bisher lag die Aufgabe der Analyse von komplexen Strategiespielen ausschließlich in Menschenhand. Der Mensch entwickelt spielspezifisches Wissen und Strategien zur Lösung des Spielproblems. Anhand der Ergebnisse dieser Denkprozesse wird nun ein Computer programmiert der lediglich dazu genutzt wird, anhand einer Schritt-für-Schritt Anleitung des Programmierers eine Lösung für die definierten Probleme zu finden [Genesereth und Love 2005]. Die eigentliche Intelligenz kam vom Menschen, die Rechenkraft vom Computer.

Wünschenswerter wäre ein Computersystem, das dem Menschen diese strategische Denkarbeit abnimmt und zu einer vom Menschen definierten Problemstellung automatisch eine Lösung findet, ohne genaue Instruktionen zur Lösungsfindung vorgegeben zu bekommen. Auf dieser Vision aufbauend hat sich ein neuer Forschungszweig entwickelt
– das General Game Playing (GGP). Hierbei geht es um die Entwicklung von Agenten, die ohne menschliche Intervention selbstständig viele verschiedene Arten von Spielen erlernen können. Ein GGP-Agent bekommt lediglich die Spielregeln eines Spiels überliefert und muss aus dieser Information das Spiel „erlernen" und eine geeignete Strategie entwickeln, um es erfolgreich spielen zu können. Somit wird beim General Game Playing eine höhere Form von Intelligenz im Vergleich zu klassischen Spielagenten erreicht [Genesereth et al. 2008].

Ein erster Ansatz zu dieser Thematik kam 1993 von Barny Pell unter der damaligen Bezeichnung *Meta-Gaming* [Pell 1993]. Pells Programm *Metagamer* war jedoch beschränkt auf vereinfachte Variationen des Schachspiels. Erst die Einführung des General Game Playing Wettbewerbs 2005 durch die Stanford University (Fachbereich für Künstliche Intelligenz) erhöhte das allgemeine Interesse an diesem Forschungsgebiet und führte zur weltweiten Etablierung von aktiv partizipierenden Forschungsgruppen. Für die eigens hierfür entwickelte logische Programmiersprache *Game Description Language* (siehe Kapitel 2) gibt es sogar bereits ein Plugin für das populäre Framework *eclipse* [http://palamedes-ide.sourceforge.net/].

2. Die General Game Playing Initiative

In der Welt der Strategiespiele spielt der Wettbewerb zwischen menschlichen Spielern eine wichtige Rolle. Die Wettbewerber sind durch ihren Siegeswillen im Wettstreit darauf angewiesen, eine möglichst effektive Strategie zu entwickeln, um sich gegen den jeweiligen Kontrahenten durchsetzen zu können. Die beste Strategie ist hierbei der Schlüssel zum Erfolg, weshalb immer bessere Strategien entwickelt werden.

Für Computerprogramme kann man den gleichen positiven Effekt aus einem Wettbewerb erzielen. Beim General Game Playing (als Testplattform der Künstlichen Intelligenz) treten Programme gegeneinander an und messen sich in ihren Fähigkeiten. Je „intelligenter" ein GGP-Agent ist, desto mehr Spiele wird er gewinnen. So kann man einen Wettbewerb hier als eine Evaluationstechnik für Intelligente Systeme betrachten [Genesereth und Love 2005].

Um auf diese Weise die wissenschaftliche Arbeit im Bereich General Game Playing anzutreiben, rief die AAAI (American Association for Artificial Intelligence) 2005 eine offene Weltmeisterschaft für universelle Spielprogramme ins Leben.

2.1 Die Weltmeisterschaft

Austragungsort für die General Game Playing Weltmeisterschaft ist die jeden Sommer stattfindende „National Conference" der AAAI. Der Wettbewerb findet in zwei Runden statt, auf die Qualifikationsrunde folgt die Entscheidungsrunde. In der Qualifikationsrunde muss jeder Spielagent zunächst verschiedene Arten von Spielen durchspielen und wird dahingehend auf Konsistenz, Erkennen von Gewinnzuständen und insbesondere auf Performanz getestet. Die Agenten mit den besten Ergebnissen aus der Qualifikationsrunde erreichen die nächste Runde.

In der Entscheidungsrunde lässt man die Spielagenten jeweils gegen alle anderen Wettbewerbe in einer Serie von Spielen antreten, wobei die Komplexität von Spiel zu Spiel zunimmt. Der Teilnehmer mit den meisten Siegen in der Entscheidungsrunde gewinnt das Turnier und erhält ein Preisgeld von 10.000,-$.

Zu den verwendeten Spielen gehören Einzelspieler-Spiele (z.b. Labyrinthspiele), Mehrspieler-Spiele mit Kontrahenten (z.b. *Tic-Tac-Toe*) sowie mit Teambildung. Diese Spiele können sowohl vollständig berechenbar (*Tic-Tac-Toe*) sein als auch nicht (z.b. *Schach*). Weiterhin lässt sich noch zwischen Spielen mit vollständiger Information (z.b. *Dame*) und unvollständiger Information (z.b. *Schiffe versenken*) unterscheiden. [Genesereth und Love 2005].

Die folgende Tabelle listet die bisherigen Gewinner der Weltmeisterschaft auf.

2005	„Cluneplayer" von Jim Clune (Universität Los Angeles)
2006	„Fluxplayer" von Stephan Schiffel und Michael Thielscher (TU Dresden)
2007	Cadiaplayer von Yngvi Björnsson und Hilmar Finnsson (Universität Reykjavik)
2008	Cadiaplayer von Yngvi Björnsson und Hilmar Finnsson (Universität Reykjavik)

Tabelle 1

Die Plattform zu diesem Wettbewerb bildet der Gamemaster. Die wichtigsten Bestandteile dieses, auf Web-Technologien aufbauenden Systems, sind der Game Master, die Game Description Language und die verwendeten Spiele an sich. Im Folgenden werden diese Bestandteile erklärt.

2.2 Game Description Language (GDL)

Um eine einheitliche formale Grundlage zur Beschreibung von Spielen für das General Game Playing zu schaffen, wurde die Game Description Language als Variante der logischen Programmiersprache Datalog entwickelt. Datalog ähnelt der Programmiersprache PROLOG.

In diesem Teilkapitel folgt zunächst eine kurze Erläuterung wie ein Spiel in GDL modelliert wird. Darauf aufbauend werden die GDL-Syntax sowie die vordefinierten Relationen aufgeführt, die zur formalen Beschreibung von Spielregeln und -zuständen benötigt werden. Als Referenz wird die offizielle Spezifikation der Game Description Language [Genesereth et al. 2008] verwendet.

2.2.1 Modellieruung eines Spiels in GDL

In der klassischen S Spieltheorie wird ein Spiel als Suchbaum m modelliert, wobei jeder Knoten die Aktion, allso den Spielzug, eines Spielers darstellt [Rus ssel und Norvig 2004]. Diese Methode zur a abstrakten Darstellung eines Spiels erzeugt e ein sehr umfangreiches Modell. Abbildung 11 e

zeigt ein vereinfachtes Beispiel eines solchen Suchbaums für das Spiel *Tic-Tac-Toe:*

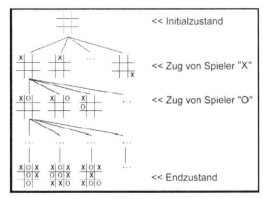

Abbildung 1

Im General Game Plaaying dagegen wird ein Spiel als Zustandsau utomat dargestellt. Berücksichtigt werden d dabei Spiele, die über eine endliche Menge a an Spielzuständen verfügen, mit einem besstimmten Initialzustand sowie einem oder m mehrerer Endzustände. Vorteil gegenüber de em Suchbaum ist der synchrone Ablauf der r Zustandsänderungen: jeder Spieler vollzieh ht einen Spielzug auf jedem Knoten.

9

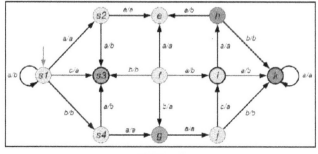

Abbildung 2

Abbildung 2 zeigt ein vereinfachtes formales Beispiel für einen solchen Zustandsautomaten anhand eines Spiels mit zwei Spielern und zwei möglichen Spielzügen *a* und *b*. Jeder Pfeil ist beschriftet mit einer möglichen Kombination von erlaubten Spielzügen aller Spieler. Im Zustand *j* beispielsweise kann Spieler 1 ausschließlich den Zug *b* ausführen, Spieler 2 kann *a* oder *b* spielen; das ergibt zwei mögliche Folgezustände (*i* und *k*). Diese Darstellungsweise erlaubt eine weitaus kompaktere Beschreibung von Spielen und ermöglicht den Spielern ein einfacheres und effizienteres Spiel.

2.2.2 Die Syntax von GDL

Die Beschreibung eines Spielzustands beim General Game Playing geschieht mit Hilfe der Prädikatenlogik, wobei einzelne *Fakten* die Spielwelt in einem bestimmten Zustand beschreiben.

Spielregeln werden durch Übergangsfunktionen beschrieben. Diese Funktionen verwenden logische Regeln um, anhand des aktuellen Spielzustands und der möglichen Spielzüge aller Spieler, gültige Folgezustände des Spiels zu definieren. Zusätzlich enthält die Game Description Language spezielle Konstrukte um Initial-und Endzustand eines Spiels zu erkennen.

Ein Spielzustand basiert in der Game Description Language aus einer Ansammlung von Fakten und logischen Regeln. An diese Datenbasis können Anfragen (z.B. nach gültigen Spielzügen) gestellt werden, die vom Interpreter beantwortet werden.

Das Vokabular von GDL besteht aus verschiedenartigen Termen: Variablen, Konstanten und Relationen. Variablen werden in GDL mit anführendem Fragezeichen dargestellt (z.B. ?x).

Relationen beschreiben die Beziehung zwischen Termen und sind mit einer zugehörigen Arität ausgewiesen (z.B. nachfolger/2). Wird eine Relation mit Arität *n* auf *n* Terme angewendet, so handelt es sich beim Ergebnis um einen *atomaren Satz* (z.B. nachfolger(step1, step2)). Ein *Literal* ist ein *atomarer Satz* oder die Negation dessen (z.B. notnachfolger(step2, step1)).

Eine Regel in der Game Description Language besteht aus einem Regelkopf und einem Regelkörper. Der Regelkopf ist immer ein atomarer Satz und wird impliziert von den Literalen im Regelkörper, die mit einem logischen UND untereinander verknüpft sind. Sind alle Literale „wahr", so trifft die im Regelkopf beschriebene Aussage zu. Das Beispiel auf der nächsten Seite zeigt den formalen Aufbau einer solchen Regel in GDL.

```
(<= (aussage ?x)

    (bedingung_1 ?x)

    (...)

    (bedingung_n ?x))
```
Eine Regel kann auch nur aus einem atomaren Satz im Regelkopf bestehen; für diesen Fall trifft die Regel für jede Belegung der Variablen zu:

```
(aussage ?x)
```
Als *Fakten* bezeichnet man diejenigen atomaren Sätze, die keine Variable enthalten und somit tatsächlich einen Teil der Spielwelt beschreiben:

```
(control player1)
```

2.2.3 Definierte Relationen in GDL

In der Game Description Language finden sich die definierten Relationen role, init, true, does, next, legal, goal, und terminal. Diese Menge an Relationen bildet die Korrespondenz zur Spielumgebung, und wird im Folgenden am Beispiel des simplen

Spiels *Tic-Tac-Toe* (siehe Abbildung 1) erläutert.

2.2.3.1 Die `role` Relation: (Spieler)

Durch die `role` Relation werden die Spieler definiert. Für Tic-Tac-Toe würde die komplette Beschreibung der Rollenverteilung so aussehen:

```
(role x)
(role o)
```

Diese Schreibweise drückt aus, dass es 2 Spieler gibt, die durch die Zeichen „x" und „o" repräsentiert werden.

2.2.3.2 Die true Relation: (Spielzustand)

Der allgemeine Spielzustand wird in der Game Description Language von einer Ansammlung von Fakten repräsentiert. Fakten sind in der GDL jedoch nicht von Grund auf wahr, sondern müssen erst als wahr deklariert werden. Dies geschieht indem ein Fakt, das in einem Spielzustand wahr ist, den Parameter der `true`Relation bildet. Im Tic-Tac-Toe Beispiel sagen die Ausdrücke

```
(true (cell 2 2 b))
(true (control x))
```

aus, dass im aktuellen Zustand das zentrale Kästchen des Spielfelds (Position 2,2) leer ist (*b* steht für blank), sowie dass der Spieler *x* am Zug ist.

2.2.3.3 Die init Relation: (Initialzustand)

Diese Relation funktioniert analog zur `true` Relation und ist in der Spielbeschreibung enthalten um einen klar definierten Initialzustand des Spiels identifizieren zu können. Die Beschreibung des Initialzustands bei *Tic-Tac-Toe* enthält zehn Aussagen. Alle neun Felder des Spielfeldes sind leer und Spieler „x" fängt an:

```
(init (cell 1 1 b))


...

(init (cell 3 3 b))
```

```
(init (control x))
```

2.2.3.4 Die next Relation: (Spielaktualisierung)

Die next Relation bezieht sich auf diejenigen Fakten, die sich im nächsten
Spielzustand ändern werden. Die Regel

```
(<= (next (control x))
    (true (control o)))
```

sagt: „Wenn im aktuellen Spielzustand Spieler „o" am Zug ist, dann ist im darauf
folgenden Spielzustand Spieler „x" an der Reihe".

2.2.3.5 Die legal Relation: (Erlaubte Spielzüge)

Die Spielregeln beschränken die Summe der möglichen Spielzüge. Mit Hilfe der legal
Relation werden bestimmte Züge in bestimmten Spielsituationen „erlaubt". Als
Parameter benötigt die Relation den Spieler und den durchzuführenden Spielzug:

```
(<= (legal ?player (mark ?x ?y))

    (true (cell ?x ?y b))

    (true (control ?player)))
```

Ein Spieler kann in diesem Beispiel
nur dann eine der neun Zellen markieren, wenn diese leer ist, und wenn der Spieler auch
am Zug ist.

2.2.3.6 Die does Relation (Spielzüge)

In der does Relation werden aktuell getätigte Spielzüge angezeigt. Benötigt wird diese
Eigenschaft für Regeln, welche die Spielupdates steuern. Wenn ein Spieler in *Tic-Tac-
Toe* eine Zelle markiert hat, so muss sichergestellt werden, dass im darauf folgenden
Spielzustand ebendiese Zelle mit der Spielerbezeichnung gekennzeichnet ist:

```
(<= (next (cell ?x ?y ?player))
    (does ?player (mark ?x ?y)))
```

2.2.3.7 Die goal Relation (Zielwert)

Die goal Relation beschreibt die Regel, welche Punktzahl der Spielgewinner bei Erreichen eines akzeptierten Endzustands erhält:

```
(<= (goal ?player 100)
    (line ?player))
```

In Abhängigkeit von der Art des zu erreichenden Zielzustandes kann der Spieler unterschiedliche Punkte erwarten (hier 100 Punkte). Diese Information ist später für die Suche nach den geeigneten Spielzügen notwendig, um vorteilhafte von unvorteilhaften Endzuständen unterscheiden zu können.

2.2.3.8 Die terminal Relation (Spielende)

Die Game Description Language definiert die terminal Relation um eine Menge von akzeptierten Endzuständen in einem Spiel zu beschreiben. Trifft diese Regel zu, so ist das Spiel beendet und es können die daraus resultierenden Konsequenzen berechnet werden. Im Tic-Tac-Toe Beispiel gibt es zwei Arten von Endzuständen. Zum einen hat ein Spieler gewonnen, sobald er eine Dreierreihe (line) erreicht hat

```
(<= terminal
```

```
    (role ?player)
```

```
    (line ?player)
```
zum anderen kann das Spiel auch Remis enden, wenn kein Spieler eine Dreierreihe erzielt hat und bereits alle Kästchen auf dem Spielfeld belegt sind:

```
(<= terminal
    (not open))
```

2.3 Die Game Management Infrastruktur

Um den Spielbetrieb im Wettbewerb der General Game Player zu ermöglichen, benötigt man eine zentrale Instanz, die ein Spiel mit seinen Zuständen, Rollen und Regeln steuert, und die Interaktion der GGP-Agenten auf Spielebene ermöglicht. Diese Rolle übernimmt die offen zugängliche Web-Umgebung *Gamemaster*, die auch für die jährliche Weltmeisterschaft auf der AAAI Konferenz eingesetzt wird.

Gamemaster besteht aus drei Komponenten, einer Datenbank für Spielbeschreibungen (*Arcade*), dem *Game Editor* für das Erstellen und Analysieren von Spielen, sowie dem *Game Manager*. Der Game Manager nimmt in der Game Management Infrastruktur die zentrale Position als Schaltstelle ein und ist verantwortlich für die Steuerung und Kontrolle des Spielbetriebs.

2.3.1.1 Organisation des Spielablaufs

Bevor ein Spiel gestartet werden kann, übergibt der Administrator dem Game Master die notwendigen Informationen, die dieser zur späteren Steuerung des Spielablaufs benötigt. Der Game Master erhält die Spezifikationen der Spielregeln in Form der GDL-Spielbeschreibung, die Namen der teilnehmenden Spieler sowie die vorgegebene Start- und Spielzeit. Anhand der in der Game Description definierten Rollen und der nun bekannten Spieler vollzieht der Game Master die Zuordnung der Spieler zu den Rollen im Spiel. Der jeweilige Spielagent erhält dann vom Game Master die Spielbeschreibung mit der zusätzlich angefügten Information darüber, welche Rolle er in dem Spiel einnimmt.

Die zwei Zeitwerte dienen dazu einen zügigen und fairen Spielverlauf zu gewährleisten. Die Startzeit besagt, wie viel Sekunden jedem Spielagenten zwischen Übermittlung der Spielbeschreibung und dem ersten Spielzug bleiben, um das Spiel zu analysieren. Diese Zeit kann beispielsweise dazu genutzt werden um anhand der Merkmale des Spiels eine geeignete Strategie zu ermitteln. Der zweite Zeitwert – die Spielzeit – schränkt die Zeit für jeden Spielzug ein, also zwischen Anfrage von Game Master und Antwort vom Spielagenten. Sollte die Zeitrestriktion einmal nicht eingehalten werden, so entspricht dies einem *illegalen Zug*. Auch wenn der Spielagent einen Zug übermittelt, der auf keine der in der Spielbeschreibung definierten `legal` Relationen passt, führt das zu einem illegalen Zug. Konsequenz dessen ist, dass vom Game Master ein Random-Zug bestimmt wird. So kann auch weiterhin ein flüssiger Spielverlauf gewährleistet werden.

3. Strategien für das General Game Playing

3.1 Such-Verfahren

Ein Spiel kann formal als Suchproblem betrachtet werden, das durch den Initialzustand, Übergangsfunktionen (durch die `legal` Relation berechenbar), mindestens einem erkennbaren Endzustand und einer Nutzenfunktion definiert ist. [Russel und Norvig 2004]. Im Folgenden werden Grundkonzepte und Optimierungen zum Aufbau der Suchstrategie vorgestellt.

3.1.1 Minimax

Bei einem Einspieler-Spiel wäre die optimale Lösung des Suchproblems eine simple Folge von Zügen, die zu einem Endzustand führen. Betrachtet man ein Spiel mit zwei Spielern muss man noch die möglichen Züge des Gegners mit berücksichtigen. Da im Rahmen des GGP-Wettbewerbs die Spiele zu komplex sind, um sie vollständig zu lösen gehe ich hier von einer beschränkten Suchtiefe aus. Der Minimax-Algorithmus durchsucht mit der Tiefensuche den Baum und errechnet für die Endknoten anhand der Nutzenfunktion die Nutzenwerte (siehe Kapitel 3.2: Heuristiken).

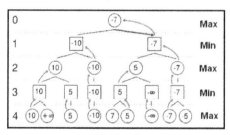

Abbildung 3

Wie in Abbildung 3 dargestellt, wird nun einer dieser Werte an den „Elternknoten" weitergegeben, je nachdem welcher Spieler in diesem Schritt am Zug ist. Beschreibt die Kante vom Elternknoten zum Nachfolger einen Zug des Gegners (Spieler 2), so nimmt er das Minimum der Nachfolgeknoten an, analog dazu das Maximum wenn Spieler 1 am Zug ist. Es wird also davon ausgegangen, dass Spieler 2 immer den für Spieler 1 ungünstigsten Zug wählt.

Die bisher gezeigte Darstellung mit einem Wert pro Knoten ist nur dann anzuwenden, wenn es sich um ein Nullsummenspiel zwischen zwei Spielern handelt, d.h. der Nutzen

16

ist gegensätzlich – der Sieg des einen Spielers bedeutet die Niederlage des Anderen (Unentschieden ergibt Null). Ist dies nicht der Fall so kann der Nutzenwert auch als Vektor dargestellt werden. So ist es auch möglich den Minimax-Algorithmus auf Spiele mit mehr als zwei Spielern anzuwenden, indem man die Dimension dieses Vektors auf die Anzahl der Spieler erhöht. Der Vektor zeigt nun den jeweiligen Nutzen des Zustands aus der Perspektive der einzelnen Spieler an [Russel und Norvig 2004].

3.1.2 Alpha-Beta-Suche

Beim Minimax-Algorithmus ist die Anzahl der auszuwertenden Spielzustände exponentiell zur Anzahl der Züge. Die Alpha-Beta-Suche mindert die Komplexität der Suche ohne dabei auf ein schlechteres Ergebnis zu kommen. Das Ziel besteht hier darin die Teile des Suchbaumes zu kürzen, die das Suchergebnis nicht beeinflussen. Hierfür werden während des gesamten Suchprozesses zwei Werte mitgeführt: Der Alpha-Wert beschreibt das Ergebnis, dass der maximierende Spieler mindestens erreichen wird, und der Beta-Wert das Ergebnis, dass der minimierende Spieler maximal erreichen wird. Wenn nun ein maximierender Knoten einen Zug zur Auswahl hat, dessen Wert den Beta-Wert überschreitet, so wird die Suche in diesem Knoten abgebrochen, da der minimierende Spieler eine Ebene höher diesen Zug nicht wählen würde. Kann stattdessen im Zug ein Wert erreicht werden, der den Alpha-Wert übersteigt, so wird dieser nach oben hin angepasst. Analog dazu wird bei einem minimierenden Knoten die Suche abgebrochen, falls der Wert kleiner Alpha ist; bzw. der Beta-Wert nach unten angepasst, wenn der Wert kleiner dem bisherigen Beta-Wert ist. Abbildung 4 veranschaulicht dieses Verfahren [Russel und Norvig].

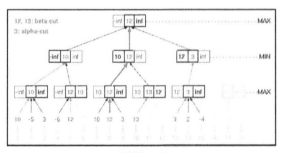

Abbildung 4

17

3.1.3 Iterative Vertiefung

Bei der iterativ vertieften Tiefensuche wird das gesetzte Tiefenlimit iterativ erhöht. Diese Methode ist beim General Game Playing besonders nützlich, da hier nur eine begrenzte Zeit für die Suche nach dem besten Spielzug zur Verfügung steht und so die Gefahr besteht, dass nach Ablauf der Zeitbeschränkung erst ein Zug in die Tiefe hin analysiert wurde, obwohl ein anderer Zug auf einer sehr frühen Suchebene des Baums bereits einen weitaus besseren Nutzen hervorbringen könnte [Russel und Norvig].

3.1.4 Transpositionstabellen

Es kann in einem Spiel vorkommen, dass ein gewisser Spielzustand durch unterschiedliche Permutationen von Zugfolgen (Transpositionen) zustande kommen kann. Wenn beispielsweise in einem Schachspiel nach den beiden Bauernzügen [e4 e5] die Springerzüge [Sf3 Sc6] folgen, so ist der daraus resultierende Spielzustand auch durch andere Kombinationen der Einzelzüge zu erreichen (z.B. [(e4 Sc6), (Sf3 e5)] u.a.). Wenn nun einmal dieser Spielzustand erreicht worden ist, so wäre beim nächsten Auftreten derselben Situation die erneute Auswertung redundant. Daher bietet es die an eine erstmalige Auswertung eines solchen Spielzustands in einer Hash-Tabelle zu speichern um den überflüssigen Rechenaufwand einzusparen [Russel und Norvig].

3.2 Heuristische Bewertung

Im vorangegangenen Kapitel wurden einzelne Knoten im Suchbaum anhand einer Nutzenfunktion bewertet. Je höher der Wert ist desto günstiger ist ein Zug zu diesem Knoten in Hinblick auf das Erreichen eines erfolgreichen Endzustands. Da nur in besonders einfachen Spielen wie *Tic-Tac-Toe* der Suchbaum vollständig erschlossen werden kann um die Nutzenwerte exakt zu bestimmen, benutzt man bei komplexeren Spielen Heuristiken zur Bewertung von Spielzuständen. Die Art der Entwicklung einer solchen heuristischen Bewertungsfunktion macht beim General Game Playing einen wesentlichen Unterschied zur traditionellen Entwicklung von Spielprogrammen aus. Bei Spielprogrammen die speziell für ein Spiel entwickelt werden die Heuristiken durch menschliches spielspezifisches Wissen geprägt. Beim *Schach* kann man sich an der

Jahrhunderte lang entwickelten Erfahrung über die Bewertung von Schachpositionen (Eröffnungen, Materialwert etc.) bedienen, um eine Bewertungsfunktion zu entwickeln. Beim General Game Playing ist dies nicht möglich, da unterschiedliche Arten von Spielen gespielt werden müssen. Im Folgenden werden zunächst die Schritte zur Entwicklung einer solchen heuristischen Bewertungsfunktion nach Gregory Kuhlmann [Kuhlmann et al. 2006] vorgestellt, und daraufhin ergänzt durch darauf aufbauende Ansätze von Stephan Schiffel und Michael Thielscher [Schiffel und Thielscher 2007] und James Clune [Clune 2007].

3.2.1 Identifikation syntaktischer Strukturen

Beim Erlernen eines Brettspiels wie *Dame* entwickelt ein menschlicher Spieler anhand visueller Merkmale schnell Ansätze zur Bewertung von Spielpositionen. Diese Merkmale erschließen sich dem menschlichen Betrachter durch die physische Repräsentation der Spielobjekte sowie des Spielbretts, wobei gewisse entscheidend wichtige Eigenschaften eines Spielzustands (z.B. Lücken in der Hinterreihe bei *Dame*) auf einen Blick erkannt und bewertet werden. Obwohl die GDL-Spielbeschreibung diese Spielzustände eindeutig beschreibt und der physischen Repräsentation eines Spiels entspricht, ist die Identifikation solcher entscheidenden Merkmale im General Game Playing schwierig. Um jedoch eine heuristische Bewertungsfunktion für Spielzustände entwickeln zu können, müssen zunächst aussagekräftige Ausdrücke als Strukturen in der Syntax der Spielbeschreibung identifiziert werden.

Gregory Kuhlmann veröffentliche als Erster einen Ansatz solche Strukturen zu identifizieren [Kuhlmann et al. 2006]. Dabei wurde die Identifikation fünf elementarer Strukturen beschrieben: *Nachfolge-Relationen, Zähler, Spielbrett, Markierungen* (bzw. *Spielfiguren*) und *zählbare Werte*.

3.2.1.1 Nachfolge-Relationen

Nachfolge-Relationen beschreiben wie die Menge eines Spielelement-Typs in sich geordnet ist indem die Abhängigkeit zu benachbarten (bzw. nachfolgenden) Elementen festgelegt wird.

```
(<=          next          (step          ?y))

     (true          (step          ?x))

     (succ          ?x          ?y))
```

Die in dieser `next` Relation verwendete Bezeichnung `succ` stellt eine solche Nachfolge-Relation da und könnte wie folgt spezifiziert werden:

`(succ 1 2) (succ 2 3) (succ 3 4)` ... Diese syntaktische Struktur beschreibt aufeinanderfolgende Spielschritte. Ähnlich könnte auch beschrieben werden wie die Reihen und Spalten eines Spielbretts untereinander geordnet sind. Die Identifikation solcher Strukturen in der Spielbeschreibung ist enorm wichtig, um generell einen Einblick in die Struktur des Spiels zu bekommen. Ohne solche Informationen wüsste man in einem *Dame*-Spiel beispielsweise nicht, dass Spalte *A* Nachbar von Spalte *B* ist.

3.2.1.2 Zähler

Eine Zähler-Struktur ist eine Form der Nachfolge-Relation, und wird in jedem Zeitschritt erhöht. Um eine solche Struktur zu identifizieren kann man nach einer Regel in der Spielbeschreibung suchen, die auf folgende „Schablone" passt:

`(<= (next (`**`<counter>`** ?**`<var1>`**`))`

`(true (`**`<counter>`** ?**`<var2>`**`))`

`(`**`<nachfolger>`** ?**`<var1>`** ?**`<var2>`**`))`

Die `next` Relation aus Kapitel 3.2.1.1 stellt beispielsweise eine solche Struktur dar. Das Erkennen einer solchen Struktur kann zum Beispiel sinnvoll sein, wenn bei einem Spiel die maximale Zuganzahl begrenzt ist. In diesem Fall könnte für eine interne Simulation diese Begrenzung außer Acht gelassen werden um die Chance zu erhöhen, einen vorteilhaften Endzustand zu finden.

Ein weiterer Vorteil kommt zustande wenn mit Transpositionstabellen gearbeitet wird.

Ein Zähler kann in manchen Fällen zwei sonst identische Spielsituationen durch diesen Wert unterscheiden. In diesem Zusammenhang kann der Zähler entfernt werden bevor die Auswertung eines Spielzustands in die Transpositionstabelle gespeichert wird, damit die Suche weiter effizient bleibt.

3.2.1.3 Spielbrett

Ein Spielbrett wird hier definiert als ein zweidimensionales Zellengitter, das den Zustand verändern kann, wie es beispielsweise bei *Dame* der Fall ist. Nach Analyse der Spielbeschreibung wird zunächst angenommen, dass jede ternäre Regel wie z.b. `cell a1 b2 x` ein Spielbrett beschreibt. Dabei steht ein Parameter für den Zustand der Zelle, und die anderen beiden für die Koordinaten. Sind die Koordinatenparameter durch Nachfolge-Relation mit einander verknüpft so ist das Spielbrett *geordnet*.

3.2.1.4 Markierung/ Spielfigur

Nachdem ein Spielbrett identifiziert wurde, wird versucht Strukturen zu identifizieren, die einzelne Zellen mit Spielobjekten belegen und sie damit markieren. Wenn eine Markierung sich zu einem Zeitpunkt nur an einer Stelle auf dem Spielbrett befinden kann, so ist es eine Spielfigur (z.B. ein Turm beim *Schach*). Ein Spiel wie Vier Gewinnt hat beispielsweise nur Markierungen.

Zu den Spielfiguren bzw. Markierungen lassen sich auch Symmetrien identifizieren [Clune 2007]. In einem *Dame*-Spiel mit schwarzen und weißen Spielsteinen würden die beiden Relationen

```
(cell        ?x        ?y        white_piece)
(cell        ?x        ?y        black_piece)
```

im Initialzustand die gleiche Anzahl an Lösungen hervorbringen.

3.2.1.5 Zählbare Werte

Unabhängig vom Bezug zu Spielfiguren oder einem Spielbrett kann es noch Strukturen geben, die einen imaginären Wert von Dingen repräsentieren, wie beispielsweise Geld bei Monopoly.

3.2.2 Funktionsmerkmale als Bausteine der Bewertung

Die bisher identifizierten syntaktischen Strukturen können nun dazu verwendet werden bestimmte Funktionsmerkmale der heuristischen Bewertungsfunktion zu berechnen. Unter Funktionsmerkmalen versteht man beim Ansatz von Kuhlmann [Kuhlmann et al. 2006] numerische Werte die aus einem Spielzustand heraus errechnet werden können und einen Hinweis zum potentiellen Erfolg im Spiel darstellen. Ein mögliches Funktionsmerkmal bei einem geordneten Spielbrett wäre beispielsweise die Umbenennung der Reihen-und Spaltenbezeichnungen in numerische Werte in Abhängigkeit der zugehörigen Nachfolge-Relationen. Diese zählbaren Werte könnten dann dazu benutzt werden um die Distanzen auf einem Spielbrett zu ermitteln (um z.B. einen kürzesten Weg zu finden).

Ein weiteres Funktionsmerkmal ist der „Materialvorteil". Anhand einer Symmetrie der Spielsteine im Initialzustand bei *Dame* (siehe Kapitel 3.2.1.4) lässt sich im Spielverlauf ein Vorteil identifizieren und bewerten wenn einer der Spieler mehr Steine hat als der Andere.

3.2.3 Heuristische Bewertungsfunktion

Aus der Syntax-Analyse der Spielbeschreibung sind Funktionsmerkmale als Bausteine der heuristischen Bewertungsfunktion identifiziert worden. Um nun eine komplette Bewertungsfunktion aufzustellen, fehlt noch eine Entscheidung darüber, inwiefern diese Bausteine miteinander kombiniert werden sollen. Im Folgenden werden verschiedene Ansätze zur Konstruktion einer solchen heuristischen Bewertungsfunktion beschrieben.

3.2.3.1 Minimierung/ Maximierung

Beim Ansatz von Gregory Kuhlmann [Kuhlmann et al. 2006] wird zunächst anstatt einer einzigen Bewertungsfunktion eine Menge dieser erstellt, wobei jede dieser „Kandidaten" jeweils eine Minimierung bzw. Maximierung eines Funktionsmerkmals ist. Die Minimierung ist notwendig um spezielle Spiele abzudecken, bei denen das Spielziel ungewöhnlich ist. Ein Beispiel für ein solches Spiel wäre eine *Dame*-Variante, bei der derjenige Spieler gewinnt der am Ende die wenigsten (anstatt die meisten) Spielsteine besitzt.

Die einzelnen Bewertungsfunktionen errechnen nun anhand eines Spielzustands und dessen Erfüllung eines Funktionsmerkmals je einen Vergleichswert zwischen $R + 1$ und $R^- - 1$ aus (siehe Abbildung 5). R^- steht für die minimale Punktzahl die laut goal Relation erreicht werden kann, R^+ für die maximale Punktzahl.

$$H(s) = 1 + R^- + (R^+ - R^- - 2) * V(s)$$
$$H(s) = 1 + R^- + (R^+ - R^- - 2) * [1 - V(s)]$$

Abbildung 5

$H(s)$ ist hier der Wert der Bewertungsfunktion im Spielzustand s und $V(s)$ der Wert des Funktionsmerkmals (zwischen 0 und 1). Die um den Wert 1 geänderte Ober-und Untergrenze der zu erreichenden Punkte ist für die Heuristik wichtig um sicherzustellen, dass eine definitive Verliererposition immer noch schlechter bewertet wird als die schlechteste Bewertung sowie analog dazu eine definitive Gewinnerposition der besten heuristischen Bewertung vorgezogen wird.

Im Spielverlauf werden vom GGP-Agenten mehrere sogenannte *Remote-Slave-Prozesse* initiiert um ein „verteiltes Suchen" im Suchbaum zu ermöglichen. Jeder der Slave-Prozesse sucht unter Nutzung einer der Bewertungsfunktionen nach dem optimalen Zug und liefert diesen an den GGP-Agenten zurück. Die nun erhaltenen Zugvorschläge werden bewertet und der beste Zug ausgeführt. Die Bewertung dieser Vorschläge ist im Ansatz von Kuhlmann nicht immer optimal, nur dann wenn einer der Vorschläge aus einer vollständigen Durchsuchung des Baums resultiert. Wenn dies nicht der Fall ist, wird einfach der Vorschlag ausgewählt, bei dem die Suche am tiefsten war. An dieser Schwachstelle setzt der Ansatz des Zielerreichungsgrads im folgenden Teilkapitel an.

3.2.3.2 Zielerreichungsgrad

Stephan Schiffel und Michael Thielscher [Schiffel und Thielscher 2007] entwickelten für ihren GGP-Agenten *Fluxplayer* (Weltmeister 2006) eine heuristische Bewertungsfunktion mit einer Besonderheit gegenüber dem Ansatz von Kuhlmann. Anhand des Erfüllungsgrads der goal (bzw. terminal) Relation wird auf den Zielerreichungsgrad geschlossen. Das bedeutet man nimmt an, dass je mehr der separat betrachteten Bedingungen einer goal Relation der Wahrheit entsprechen, desto näher ist man am gewünschten Zielzustand des Spiels.

Anhand der klassischen Logik kann man aus einer Konjunktion von Aussagen jedoch nur die Aussage „wahr" oder „falsch" schließen, und keine Werte dazwischen. Um dieses Problem zu lösen greifen Schiffel und Thielscher zu Methoden der mehrwertigen *Fuzzy-Logik*. Dabei werden den Bedingungen Wahrheitswerte im Intervall [0,1] zugewiesen. Betrachten wir ein einfaches Bauklotzspiel bei der das Ziel wie folgt beschrieben ist:

```
(<= (goal player 100)

    (on a b)

    (on b c)

    (ontable c))
```
Würden hier die Teilbedingungen mit 0 für „falsch" und 1 für „wahr" bewertet, und wäre nur die Bedingung `(on a b)` falsch, so würde die gesamte Konjunktion bei einer Standard T-Norm^{i} von $a*b$ auch als falsch bewertet werden ($0*1*1=0$). Daher müssen diese Werte anders definiert werden. Benutzt man die Werte $1-p$ und $0,5<p<1$ für falsche bzw. wahre Aussagen, würden wir bei p=0,8 in unserem Beispiel einen Wahrheitswert von 0,128 erhalten und somit eine brauchbarere Information über den Wahrheitsgehalt der `goal` Relation erhalten. Aber auch diese Lösung bringt noch Probleme mit sich, denn wenn die Konjunktion eine bestimmte Größe erreicht, tendiert der Wahrheitswert gegen Null, auch wenn alle Aussagen darin wahr sind.

---

^{i} Unter einer T-Norm versteht man eine mathematische Funktion die im Bereich mehrwertiger Logiken eingesetzt um Konjunktions-Operatoren einzuführen. Eine Standard T-Norm ist z.B. *T(a,b)* mit *a*b*

Um diesem Problem zu begegnen führten Schiffel und Thielscher einen Grenzwert *t* mit $0,5<t<1$ ein, wobei Werte über *t* „wahr" darstellen und Werte unter *1−t* „falsch". Die Wahrheitsfunktion wird dann wie folgt definiert:

$$T'(a,b) = \begin{cases} max(T(a,b),t), & \text{if } min(a,b) > 0.5 \\ T(a,b) & \text{otherwise} \end{cases}$$

Abbildung 6

24

T(a,b) steht hier für eine Standard T-Norm. Diese Funktion garantiert zusammen mit daraus hergeleiteten Wahrheitsformel für Disjunktionen ($S'(a,b)=1-T'(1-a,1-b)$), dass eine wahre Konjunktion einen Wert größer oder gleich t ergibt und eine falsche einen Wert unter $1-t$. Diese Eigenschaft ist wichtig für den Fall, dass es unterschiedliche goal Relationen in der Spielbeschreibung gibt. Die Wahrheitswerte bleiben so vergleichbar.

Anhand der Funktionsmerkmale kann die soeben beschriebene Wahrheitsfunktion noch verbessert werden, indem das gesamte Intervall [0,1] ausgenutzt wird, und nicht nur $1-p$ und $0,5<p<1$. Beispielsweise könnte in dem Fall, wenn ein Spielstein eine bestimmte Position erreichen muss, die Entfernung von seiner aktuellen Position bis zum Ziel genutzt werden um aussagekräftigere Werte im Intervall [0,1] zu finden.

3.2.3.3 Stabilität von Funktionsmerkmalen

James Clune [Clune 2007] hat die bisher beschriebenen Techniken zur Entwicklung einer heuristischen Bewertungsfunktion noch um die Eigenschaft der „Stabilität" ihrer Bausteine (Funktionsmerkmale) erweitert. Dabei geht Clune davon aus, dass Funktionsmerkmale deren Wert von Spielzustand zu Spielzustand besonders stark variieren, keine gute Basis für die Einschätzung einer Spielsituation sind. Eher sollte auf „stabile" Merkmale gebaut werden, deren Wert im Spielverlauf schrittweise ansteigt.

Um diese Stabilität eines Funktionsmerkmals zu messen nimmt Clune statistische Verfahren zur Hilfe. Zunächst wird durch einen zufälligen Suchlauf durch den Suchbaum eine Menge von aufeinanderfolgenden Spielzuständen generiert. Dann wird die *totale Varianz* des Funktionsmerkmalwerts über diese Spielzustände errechnet. Der nächste zu errechnende Wert ist die *Adjazenz²-Varianz*: die Summe der quadrierten Differenz zwischen den Funktionsmerkmalswerten aufeinanderfolgender Spielzustände, dividiert durch die Anzahl von aufeinanderfolgenden Spielzustands-Paaren.

Nun wird der *Stabilitäts-Quotient* gebildet in dem die *totale Varianz* durch die *Adjazenz-Varianz* teilt. Wenn nun die Werte eines Funktionsmerkmals stark variieren, wird der Stabilitäts-Quotient einen niedrigen Wert (≈1) einnehmen. Ein eher stabiles Funktionsmerkmal wird einen signifikant höheren Wert verursachen.

Anhand der nun getätigten Berechnung können Funktionsmerkmale zur Verwendung in der heuristischen Bewertungsfunktion ausgeschlossen bzw. geringer gewichtet werden.

[2] Adjazenz: adjazent sind in diesem Falle 2 benachbarte Spielzustände, d.h. 2 Spielzustände die nur einen Spielzug voneinander entfernt sind.

4. Fazit

Mit den in dieser Arbeit vorgestellten Methoden zur Entwicklung eines Spielagenten, der in der Lage ist nur anhand der ihm übermittelten Spielregeln eine Spielstrategie zu entwickeln, erlangt meiner Meinung nach die künstliche Intelligenz von Spielprogrammen ein höheres Niveau. Bei Spielprogrammen die speziell für ein Spiel entwickelt wurden (z.b. *Deep Blue* für *Schach*) bestand einer der anspruchsvollsten Aufgabe darin, Bewertungen für einzelne Spielsituation zu entwickeln. Dafür konnte man *Deep Blue* die Erfahrung von Weltklassespielern nutzen. Ein GGP-Agent entwickelt diese Bewertungsfunktionen selbst und übernimmt damit eine weitere anspruchsvolle Aufgabe.

Nach aktuellem Forschungsstand gelingt es, Spiele mit Sicherheit und vollständiger Information effektiv zu spielen. Eine interessante Idee für die zukünftige Weiterentwicklung des General Game Playing ist, auch Spiele mit unvollständiger Information (z.B. *Poker*) und Spiele die den Zufallsfaktor mit einbeziehen (z.b. *Backgammon*) erfolgreich spielen zu können [Thielscher 2008].

Visionen wie die visuelle Erfassung eines Spielbretts durch den Computer, die natürlichsprachige Übermittlung der Spielregeln sowie die Ausführung von Spielzügen durch Robotertechnik werden wohl noch eher lange auf ihre Erfüllung warten müssen.

Eine meiner Meinung nach interessante Fragestellung ist es, inwiefern sich die Methoden des General Game Playing auf Einsatzgebiete außerhalb der Spieltheorie ausweiten lassen. Im Grunde müsste es möglich sein, jede formal beschreibbare Problemstellung durch ein Computerprogramm zu lösen. Dies unter der Voraussetzung, dass Anfangszustand, gewünschter Endzustand sowie Übergangsregeln zwischen Realweltzuständen formal beschreibbar sind. So wäre es beispielsweise denkbar, dass zukünftig Systeme die ähnlich wie ein General Game Player arbeiten, eingesetzt werden zur Strategiefindung in der Betriebswirtschaftslehre (z.B. Preisstrategien).

Literaturverzeichnis

[Clune 2007]:

Clune, James (2007): Heuristic Evaluation Functions for General Game Playing. University of California, Los Angeles.

[Schiffel und Thielscher 2007]:

Schiffel, Stephan; Thielscher, Michael (2007): Automatic Construction of a Heuristic Search Function for General Game Playing. TU Dresden.

[Kuhlmann et al. 2006]:

Kuhlmann, Gregory; Dresner, Kurt; Stone, Peter (2006): Automatic Heuristic Construction in a Complete General Game Player. University of Texas, Austin.

[Genesereth et al. 2008]:

Genesereth, Michael; Haley, David; Hinrichs, Timothy; Love, Nathaniel (2008): General Game Playing: Game Description Language Specification. Stanford University

[Genesereth und Love 2005]:

Genesereth, Michael; Love, Nathaniel (2005): General Game Playing: Overview of the AAAI Competition. Stanford University.

[Russel und Norvig 2004]:

Norvig, Peter; Russel, Stuart (2004): Künstliche Intelligenz – Ein moderner Ansatz. 2. Auflage, Pearson Studium, München. Kapitel 6.

[Thielscher 2008]:

Thielscher, Michael (2008): AAAI'08 Tutorial. TU Dresden.

[Kaiser 2007]:

Kaiser, David Michael (2007): The Structure of Games. Dissertation. Florida International University, Miami.

[Pell 1993]:

Pell, Barny Darryl (1993): Strategy Generation and Evaluation for Meta-Game Playing. Dissertation. University of Cambridge.

[Schaeffer 2007]:

Schaeffer, Jonathan (2007): Checkers is solved. Veröffentlicht in der Zeitung Science am 14.09.2007.

[Bonsdorff et al. 1978]:

Bosdorff, Eero; Fabel, Karl; Riihima, Olavi (1978): Schach und Zahl. Rau, Düsseldorf